2

bambino LÜK®

westermann®

3–5 JAHRE

Konzentrationsspiele 1

Concentration Games

Jeux de concentration

Concentración

LERNSPIEL

Spielanleitung Instructions
Règle du jeu Instrucciónes Instruções

So einfach spielst du bambinoLÜK:

Öffne das bambinoLÜK-Lösungsgerät und lege es auf dein aufgeschlagenes bambinoLÜK-Heft. Lege die sechs Plättchen mit den Symbolen nach oben auf die Aufgaben mit den gleichen Symbolen, also das Plättchen mit dem roten Symbol Haus auf die Aufgabe mit dem roten Symbol Haus oben links in der Ecke.
Wenn die Plättchen auf den Aufgaben liegen, nimmst du das Plättchen mit dem Symbol Haus und siehst dir die Aufgabe an, auf der das Plättchen lag.
Welches Bild auf der unteren Seite passt wohl dazu? Lege das Plättchen auf dieses passende Bild. Mach es ebenso mit den anderen fünf Plättchen und Aufgaben.
Schließe dann das bambinoLÜK-Lösungsgerät und drehe es nach oben um.
Jetzt siehst du das bei der Übung abgebildete Lösungsmuster.

Autor: Michael Junga, Illustrationen: Ute Ohlms, Braunschweig
Druck und Verarbeitung: westermann druck GmbH, Braunschweig
ISBN 978-3-89414-**613**-9

It's easy to play with bambinoLÜK:

Open the bambinoLÜK control unit und place it on the open bambinoLÜK workbook. Put the six tiles symbol side up on the exercises with the same symbol, for example the tile with the red symbol 'house' on the exercise with the red symbol 'house' on the upper left hand corner.
When you have placed all the tiles on the exercises, take up the tile with the symbol 'house' and look at the exercise on which it was placed. Which picture underneath matches it? Put the tile on the matching picture. Repeat for the other five tiles and exercises. Close the control unit and turn it over. Now you can see the pattern.

Does it look good? Great!
And now have fun!

Jouer avec bambinoLÜK, c'est tout simple:

Ouvre l'unité de contrôle bambinoLÜK et place-la sur le cahier bambinoLÜK ouvert. Place les six cartes symboles découverts sur les exercices avec les symboles correspondants, donc la carte symbole rouge «maison» sur l'exercice avec le symbole rouge «maison» en haut à gauche.
Quand tu as placé les cartes, tu prends la carte symbole «maison» et tu examines l'exercice correspondant. Quelle image située en dessous correspond à cet exercice? Pose la carte sur l'image correspondante. Continue de la même façon avec les cinq cartes et exercices suivants! Puis, ferme l'unité de contrôle bambinoLÜK et tourne-la vers le haut. Maintenant tu peux comparer le dessin de la solution avec celui dans le cahier.

Tout est exact? Très bien!
Amuse-toi bien avec bambinoLÜK!

Así jugamos con bambinoArco:

Abre el cuaderno y coloca el estuche abierto sobre él, alineando los cua-drados del estuche con los del cuaderno. Coloca las fichas con el símbolo hacia arriba en la tapa y en la casilla del cuaderno con el mismo símbolo; por ejemplo, la ficha con el "coche" sobre el "coche" en el cuaderno. Ahora toma la ficha "casa" y mira el ejercicio en el cual estaba situada. ¿Qué dibujo se repite abajo? Coloca la ficha en la parte inferior del estuche, sobre el mismo dibujo. Repite la operación con las otras cinco fichas. Cierra el estuche y gíralo. Ahora podrás ver que se forma un dibujo, si coincide con el del libro has respondido correctamente, si no repite otra vez el proceso con las fichas equivocadas.

¡Y ahora diviértete!

1

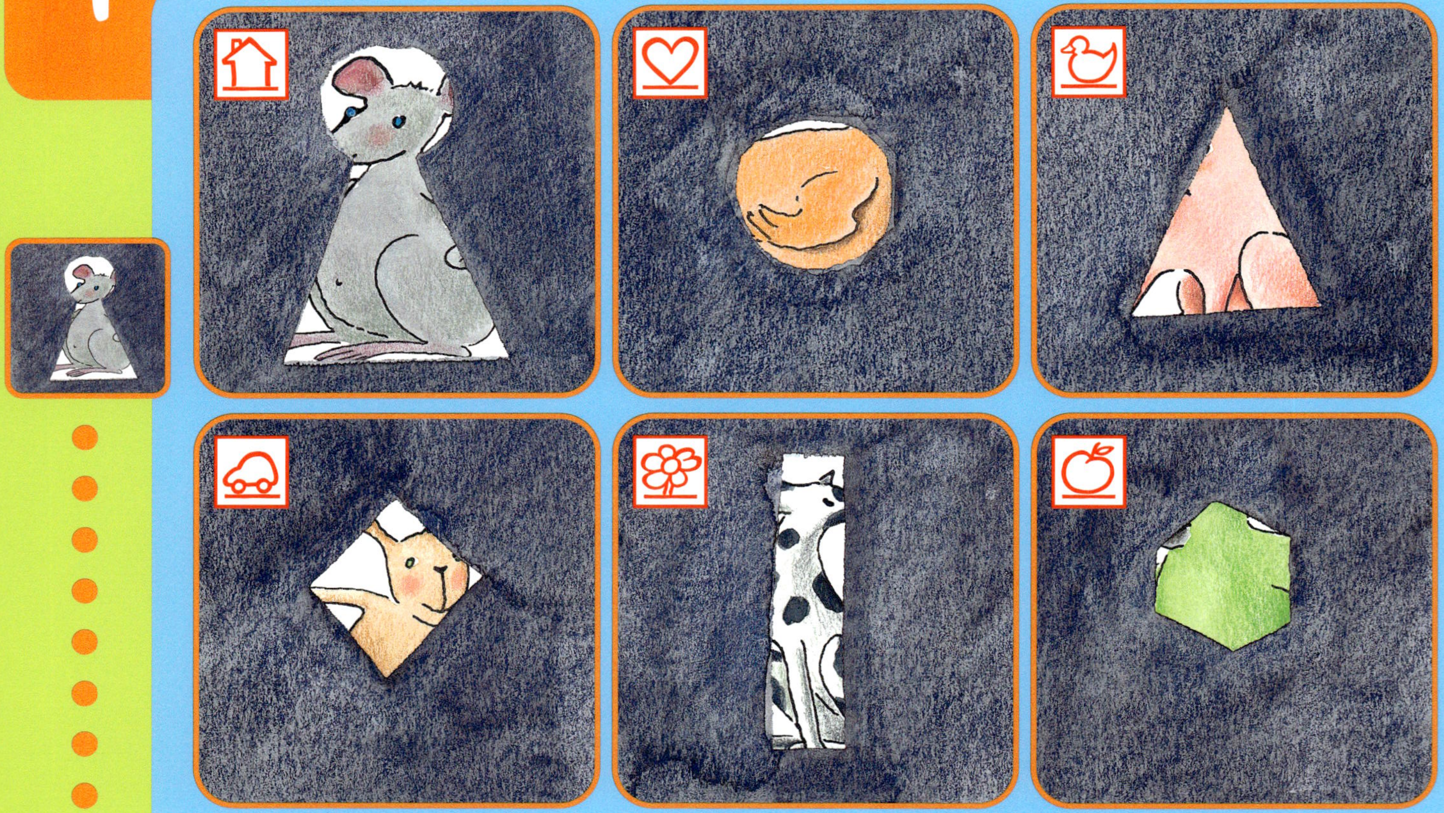

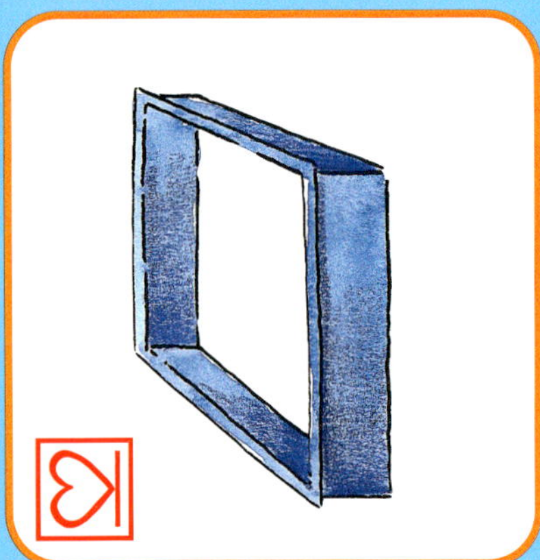

3

4

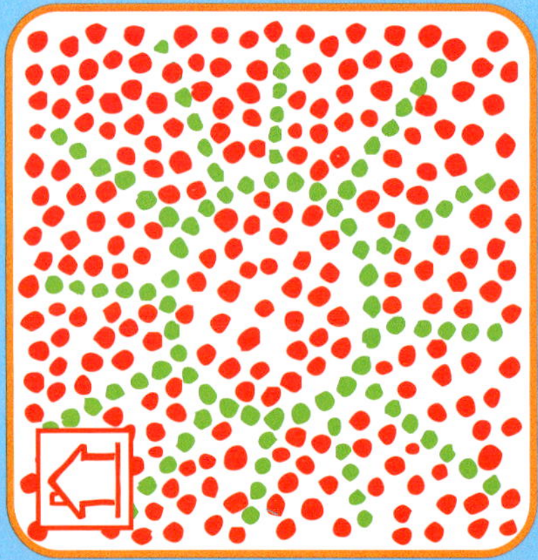

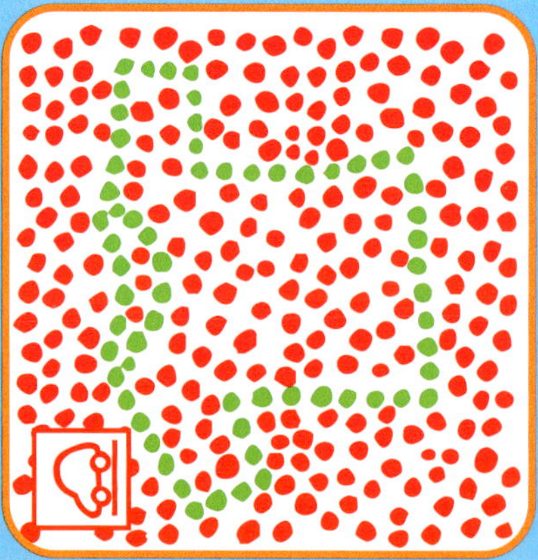

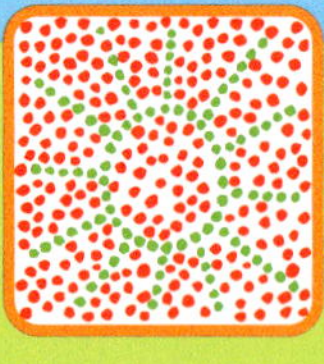

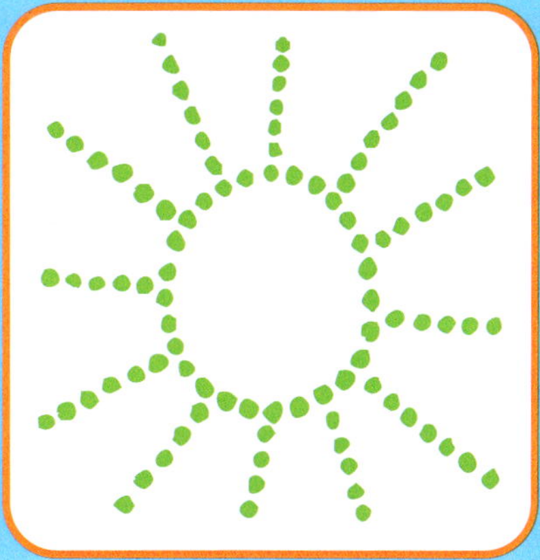

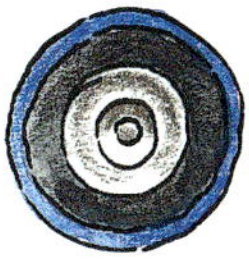
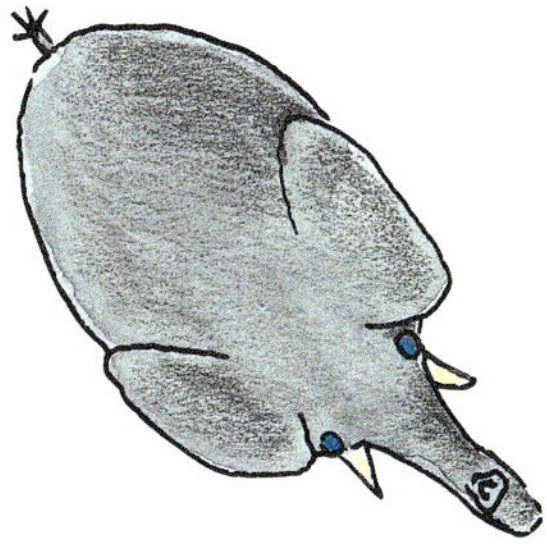

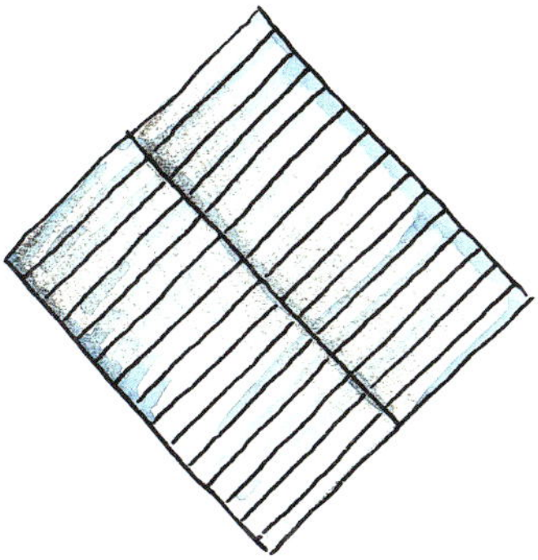

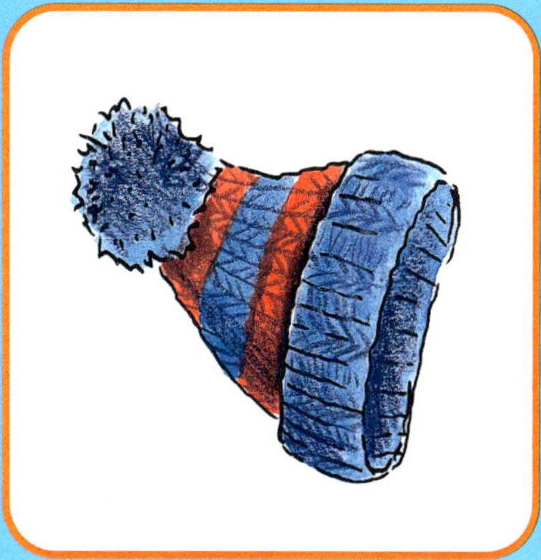

10

11

Inhalt Content
Table des matières Índice

Die Kinder müssen genau beobachten, vergleichen und zuordnen können, wenn sie die Übungen fehlerfrei lösen wollen. Durch diese aufmerksame Mitarbeit wird ihre allgemeine Konzentrationsfähigkeit nachhaltig gestärkt und weiterentwickelt.

The children need to observe, compare and relate accurately in order to complete the exercises without mistakes. By focussing on their work their general ability to concentrate will be strengthened and developed.

1. **Qu'est-ce que tu vois par le trou?**
2. **Assembler des visages**
3. **Faire des biscuits**
4. **Tasse et cafetière**
5. **Où est l'image à points verts?**
6. **Quel est son aspect vu d'en haut?**
7. **Où est le même œuf?**
8. **Qu'est qu'on en tricote?**
9. **Où est le même poisson?**
10. **Cherche la même chose!**
11. **Puzzle à trous**

Les enfants doivent pouvoir observer avec précision, comparer et classer s'ils veulent réussir l'exercice sans faire d'erreur. Par ce travail attentif, leur capacité de concentration se trouve développée et renforcée de façon durable.

1. **¿Qué puedes ver a través del agujero?**
2. **Averigua quién es**
3. **Haciendo pastelitos**
4. **Tazas de café y cafeteras**
5. **¿Dónde está el dibujo punteado en verde?**
6. **¿Qué te parece desde arriba?**
7. **¿Dónde está el mismo huevo?**
8. **¿Qué vas a tejer?**
9. **¿Dónde está el mismo pez?**
10. **Busca lo mismo**
11. **Rompecabezas con piezas desaparecidas**

Los niños necesitan observar, comparar y relacionar adecuadamente para completar los ejercicios sin ningún error. Con el enfoque en el trabajo, su habilidad general para concentrarse se desarrollará y reforzará.

bambinoLÜK

westermann

WWW.LUEK.DE

Plättchen für Plättchen zum Erfolg!
Mit dem bambinoLÜK-Kontrollgerät.

- Einfache Übungen ohne Text zur Förderung des genauen Beobachtens, Vergleichens und Zuordnens. Von Kindern selbst zu lösen.
- Simple exercises without texts to be completed by children without supervision: to encourage accurate observation, comparing and relating things to each other.
- Exercices simples, sans textes, à résoudre par les enfants eux-mêmes. Encourage à observer avec précision, à comparer, classer
- Ejercicios sencillos sin texto, para ser resueltos por los niños sin necesidad de supervisión. Desarrollan la capacidad de observación relacionando y comparando objetos similares.

Konzentrationsspiele 1
ISBN 978-3-89414-613-9

9 783894 146139